Troubles envahissants du développement :

Guide de stratégies psychoéducatives

(Enfants non verbaux ou avec un début d'acquisition du langage)

Troubles envahissants du développement :
Guide de stratégies psychoéducatives

(Enfants non verbaux ou avec un début d'acquisition du langage)

Suzanne Mineau
Audrey Duquette
Katia Elkouby
Claudine Jacques
Ann Ménard
Paméla-Andrée Nérette
Sylvie Pelletier

Éditions du CHU Sainte-Justine
Centre hospitalier universitaire mère-enfant

Catalogage avant publication de Bibliothèque et Archives Canada

Vedette principale au titre:

Troubles envahissants du développement : guide de stratégies psychoéducatives à l'intention des parents et des professionnels : enfants non verbaux ou avec un début d'acquisition du langage

Comprend des réf. bibliogr.

ISBN 2-89619-032-5

1. Enfants atteints de troubles du développement. 2. Enfants atteints de troubles du développement - Éducation. 3. Enfants atteints de troubles du développement - Réadaptation. 4. Autisme infantile. I. Mineau, Suzanne.

RJ506.D47T76 2005 618.92'8588 C2005-941619-X

Illustration de la page couverture: Fabien Govini d'après des dessins d'enfants

Diffusion-Distribution au Québec : Prologue inc.
en France : CEDIF (diffusion)
Casteilla (distribution)
en Belgique et au Luxembourg: S.A. Vander
en Suisse: Servidis S.A.

Éditions du CHU Sainte-Justine
3175, chemin de la Côte-Sainte-Catherine
Montréal (Québec) H3T 1C5
Téléphone: (514) 345-4671
Télécopieur: (514) 345-4631
www.hsj.qc.ca/editions

ISBN 2-89619-032-5

Dépôt légal: Bibliothèque nationale du Québec, 2006
Bibliothèque nationale du Canada, 2006

Les auteurs

Suzanne Mineau, M.Sc. Psychoéducation

Diplômée de l'Université de Montréal, elle a travaillé 25 ans au Programme de pédopsychiatrie du CHU Sainte-Justine auprès des enfants âgés de 0-5 ans présentant différentes problématiques. De 1998 à 2003, elle a coordonné la clinique d'évaluation des troubles envahissants du développement chez les enfants 0-5 ans. Elle travaille depuis 2004 aux cliniques d'évaluation des troubles envahissants du développement de l'hôpital Rivière-des-Prairies et à leur laboratoire de recherche dirigé par le docteur Laurent Mottron.

Audrey Duquette, M.Sc. Psychoéducation

Diplômée de l'Université de Sherbrooke, elle travaille depuis un an au CHU Sainte-Justine à l'évaluation du trouble envahissant du développement chez les enfants âgés de 0-5 ans. Elle a cinq années d'expérience avec cette clientèle en milieu de loisirs et dans le domaine de la recherche à l'Université de Sherbrooke.

Katia Elkouby, M.Sc. Psychoéducation

Diplômée de l'Université de Montréal, elle travaille depuis dix ans au CHU Sainte-Justine et en pratique privée en évaluation et en intervention précoce auprès d'une clientèle avec troubles envahissants du développement, 0-5 ans. Elle a aussi animé des ateliers et donné des formations aux professionnels et parents concernés. Elle a une dizaine d'années d'expérience en milieu préscolaire et scolaire.

Claudine Jacques, M.Sc. Psychoéducation, étudiante au doctorat en psychologie, option psychoéducation

Diplômée de l'Université de Montréal, elle travaille depuis dix ans au CHU Sainte-Justine et en pratique privée, en évaluation et en intervention auprès d'une clientèle avec un trouble envahissant du développement, 0-5 ans. Elle travaille également depuis 2004 aux cliniques d'évaluation des troubles envahissants du développement de l'hôpital Rivière-des-Prairies. Elle assume une charge de cours portant sur les troubles envahissants du développement au collège Marie-Victorin.

Ann Ménard, M.Sc. Psychoéducation

Diplômée de l'Université de Montréal, elle intervient depuis près de 15 ans auprès d'enfants présentant des problématiques particulières, dont sept ans au CHU Sainte-Justine au Département de pédopsychiatrie. Elle est également active au Département de psychoéducation de l'Université de Montréal à titre de superviseure et de chargée de cours.

Pamela-Andrée Nérette, M.Sc. Psychoéducation

Diplômée de l'Université de Montréal et de l'Université du Québec en Outaouais, elle travaille depuis neuf ans au Programme de pédopsychiatrie du CHU Sainte-Justine, à l'évaluation et l'intervention auprès des enfants de 0-5 ans porteurs d'un trouble envahissant du développement. Elle a une douzaine d'années d'expérience auprès des enfants avec un trouble envahissant du développement, notamment en ayant agi comme consultante pour les Centres de la petite enfance. Elle a aussi animé des formations aux étudiants et professionnels ici et au Chili.

Sylvie Pelletier, M.Sc. Psychoéducation

Diplômée de l'Université de Sherbrooke, elle travaille depuis trois ans au CHU Sainte-Justine à l'évaluation des troubles envahissants du développement chez les enfants âgés de 0-5 ans. Elle a une quinzaine d'années d'expérience avec les enfants présentant un trouble envahissant du développement, expérience acquise en milieu communautaire et en centre de réadaptation.

Remerciements

Nous remercions les enfants et les parents avec lesquels et pour lesquels nous avons développé ces stratégies d'intervention. Nous remercions les différents professionnels engagés avec nous auprès de ces enfants et de leurs parents.

Un remerciement particulier au docteur Michel Lemay, psychiatre au CHU Sainte-Justine, fondateur de la Clinique d'évaluation des troubles envahissants du développement pour les enfants 0-5 ans dont il assura la responsabilité médicale avec passion et rigueur jusqu'en 2003. Il est toujours très engagé auprès de ces enfants et de leurs parents dans son travail au Programme de psychiatrie.

Table des matières

Introduction

Le présent guide a été élaboré par des psychoéducatrices du Centre hospitalier universitaire Sainte-Justine, dans le cadre de la Clinique d'évaluation des troubles envahissants du développement pour les enfants de 0 à 5 ans. Il s'adresse aux parents et aux professionnels qui travaillent auprès de ces enfants, et il vise à leur fournir des pistes d'intervention à mettre en place dans le quotidien.

Les conseils contenus dans cet ouvrage et présentés à la demande de nombreux parents constituent une étape essentielle dans le processus d'évaluation diagnostique. Cette étape suit l'annonce du diagnostic de l'enfant et s'inscrit comme une des modalités du soutien proposé ensuite aux parents, à court terme. Les interventions à plus long terme sont assurées par les équipes spécialisées des centres de réadaptation de leurs quartiers ou de leurs régions.

Comme les parents et leurs enfants ne bénéficient en général, après le diagnostic, que de quelques rencontres, nous avons ciblé et privilégié les objectifs et les moyens de base pour intervenir, ceux que nous considérons comme les plus pertinents. Ils viennent de plusieurs années d'expérience professionnelle en évaluation et en intervention à court, à moyen et à long terme avec ces enfants et leurs parents.

Ce guide s'inspire d'une approche psychoéducative globale, c'est-à-dire qu'il présente des stratégies d'intervention qui concernent l'ensemble du développement de l'enfant. Il ne s'agit pas d'un programme à appliquer intégralement, mais plutôt d'un guide de référence qui tient compte des particularités des enfants qui présentent un trouble envahissant du développement. Il devrait être utilisé en fonction des caractéristiques de chaque enfant, spécifiées lors des évaluations diagnostiques et multidisciplinaires (ergothérapie, orthophonie, pédiatrie, psychologie, psychiatrie, psychoéducation) et en fonction des renseignements et des besoins transmis par les parents. Les moyens d'intervention présentés dans ce document ont été conçus et pratiqués pendant les activités quotidiennes de l'enfant (routines de vie, jeux, collations, activités diverses) et cela, dans l'ensemble des milieux d'accueil (maison, garderie, école...).

Les objectifs et les stratégies d'intervention de ce premier guide répondent principalement aux besoins des *enfants non verbaux ou ayant un début d'acquisition du langage verbal*. Cependant, plusieurs stratégies sont également pertinentes pour les enfants verbaux puisqu'elles favorisent des apprentissages préalables à d'autres habiletés plus complexes.

Les caractéristiques

du trouble envahissant du développement (TED)

Communication et langage

Chez les enfants qui présentent un trouble envahissant du développement, l'acquisition des habiletés langagières se caractérise souvent par des retards. Cela constitue même la principale préoccupation des parents. Or, les tentatives pour compenser le langage verbal par d'autres modes de communication (mimiques, gestes) sont aussi limitées. Le problème atteint donc l'ensemble de la communication dans son sens large.

Certains enfants sont non verbaux. Pour eux, les stratégies de communication non verbale (gestes, images) compensent l'absence de langage. Elles représentent des préalables à la communication verbale.

D'autres enfants développent tardivement l'utilisation de mots isolés, de mots combinés, puis de phrases. Certains développent un langage de façon atypique, utilisant rapidement des phrases complexes alors qu'auparavant le langage était limité. On remarque souvent des particularités dans l'utilisation du langage : répétition de mots ou de phrases en écholalie immédiate et différée, utilisation stéréotypée et répétitive de mots et de phrases, intonation, volume et rythme de la voix souvent atypiques.

Chez les enfants qui maîtrisent suffisamment le langage, il est difficile d'initier ou de maintenir des échanges verbaux (conversation avec tour de parole) et de raconter des événements en ordre chronologique.

Interaction sociale

Chez les enfants qui présentent un trouble envahissant du développement, les interactions sociales sont souvent caractérisées par une altération des comportements non verbaux qui accompagnent les échanges. Le contact visuel est souvent absent, ou bref et peu soutenu. Les mimiques, les gestes, les postures corporelles et l'expression d'émotions sont limités et rarement dirigés vers l'interlocuteur. L'affect (expression des émotions) est soit neutre soit exagéré.

L'enfant a de la difficulté à établir des relations avec les autres enfants de son âge. Il s'introduit de façon inappropriée ou s'éloigne inopinément du groupe. Il s'amuse plutôt seul. Il imite peu les actions des autres. Il s'amuse en parallèle et ne partage pas son matériel de jeu.

L'enfant ne cherche pas non plus à partager ses plaisirs ou ses réussites. Il ne pointe pas du doigt pour désigner un objet ou une situation qui l'intéresse. Il ne montre pas aux autres ses réalisations et n'apporte pas d'objets pour les partager. Il développe rarement des initiatives d'attention conjointe.

Sa réciprocité sociale et émotionnelle est limitée. De plus, il ne s'intéresse pas beaucoup à ce que les autres lui proposent ou lui racontent. L'enfant semble peu touché par l'état émotif de l'autre, qu'il perçoit et décode difficilement.

Centres d'intérêt et jeux

Chez les enfants qui présentent un trouble envahissant du développement, le domaine des intérêts répétitifs et des comportements stéréotypés est aussi caractéristique. Chez les enfants pré-verbaux, cela se traduit par un goût marqué pour certains objets, par exemple les voitures, les objets qui tournent, les personnages dans les émissions de télévision ou les figurines d'animaux. Ces enfants ont des préoccupations persistantes pour certaines parties de ces objets, par exemple les roues des voitures. Ils préfèrent souvent les jeux sensoriels et perceptuels (avec de la lumière, de la musique, plusieurs couleurs, des textures variées, certaines propriétés physiques) qu'ils peuvent manipuler de façon répétitive (observer les objets de façon inhabituelle, frapper, lancer, faire tourner, aligner les objets, actionner les commandes toujours dans le même ordre...).

On observe certaines particularités sensorielles (hypersensibilité, hyposensibilité ou exploration atypique) aux plans auditif, gustatif, olfactif, visuel, tactile et vestibulaire. Aussi, il arrive que l'enfant présente un jeu répétitif avec son propre corps par des mouvements stéréotypés et répétitifs qui le stimulent et l'apaisent, par exemple des battements ou des torsions des mains ou des doigts, des mouvements complexes de tout le corps, des crispations ou des hyper extensions des membres supérieurs. Souvent, on remarque aussi qu'il marche sur la pointe des pieds.

De façon générale, le jeu de « faire semblant » est peu développé chez l'enfant qui présente un trouble envahissant du développement. Cet enfant a difficilement accès aux jeux symboliques et créatifs, qui exigent de se représenter des objets et des événements, ainsi que d'utiliser les ressources de l'imagination pour élaborer des pensées. Il joue rarement à ces jeux ou très peu. Quand il le fait, c'est souvent de façon rigide et répétitive.

Les stratégies

psychoéducatives

Compréhension de l'enfant, attitude de l'adulte et apprentissage

> Le comportement des enfants qui présentent un trouble envahissant du développement semble « parallèle » aux activités de leurs proches. Ces enfants communiquent et interagissent peu.
>
> Pour favoriser un comportement plus adapté chez l'enfant, l'entourage doit lui-même s'adapter : l'adaptation devient alors mutuelle.
>
> L'attitude de l'adulte est donc primordiale pour favoriser la communication, l'interaction et l'apprentissage.
>
> Pour intervenir au plan du comportement de l'enfant, il faut considérer ce dernier dans sa globalité. Les différents aspects de la communication, des interactions, des intérêts et des jeux de l'enfant font partie intégrante de son comportement. Afin de structurer le présent ouvrage, nous aborderons de façon séparée ces différents aspects, bien qu'ils soient toujours intimement liés dans nos interventions auprès des enfants.
>
> (...)

(suite)

Aider un enfant présentant un trouble envahissant du développement, c'est d'abord comprendre ses particularités. Adapter son environnement, c'est aussi adapter fondamentalement notre attitude envers lui. Nous visons son bien-être en tentant de développer ses capacités de façon optimale, selon des repères différents de nos repères habituels. Avant d'intervenir, il est donc important de colliger, avec les parents et les différents professionnels concernés (psychologue, ergothérapeute, orthophoniste, médecin, psychoéducateur), tous les renseignements qui documentent les caractéristiques du fonctionnement particulier de cet enfant.

Communication

Plusieurs programmes conçus pour les enfants autistes prennent la communication comme pierre angulaire de leurs interventions. En effet, les parents s'inquiètent beaucoup des difficultés de langage et de communication qu'ils voient chez leurs enfants. Les prochaines pages visent donc à donner à ces parents quelques idées pour intervenir, en collaboration avec l'orthophoniste qui aurait évalué l'enfant, afin d'améliorer la qualité de la communication, indissociable de la qualité de l'interaction avec l'entourage. Ainsi, nous aidons l'enfant à mieux communiquer, c'est-à-dire à mieux comprendre son environnement et à *mieux se faire comprendre*. Toutefois, c'est d'abord à l'entourage de l'enfant que nous demandons de s'adapter.

Lorsqu'on approche des enfants non verbaux ou des enfants qui commencent seulement à s'exprimer verbalement, on se rend compte que *les mots demeurent difficiles à comprendre pour eux*. Les mots commencent à peine à prendre un sens pour ces enfants, qui ont de

(...)

> (suite)
>
> la difficulté à comprendre le langage verbal. De plus, ils décodent mal les indices non verbaux: mimiques, émotions, gestes et attitudes corporelles. Quand ils sont absorbés par une activité, ils ne sont pas en état de comprendre une demande ou une consigne. Ils ne présentent pas les attitudes sociales habituelles (position d'écoute, se tourner à l'appel de leur nom, établir le contact visuel) qui indiquent leur attention et leur intérêt pour un échange ou une tâche à accomplir.

Voici quelques façons de communiquer avec l'enfant.

- Vérifier d'abord la disponibilité de l'enfant. S'assurer qu'il n'est pas absorbé dans une activité quand on lui adresse une demande ou qu'on lui donne une consigne.
- S'il est absorbé, l'interpeller, se mettre à sa hauteur ou même aller le toucher pour attirer son attention. Établir ou demander verbalement un bref contact visuel.
- Lui émettre la consigne ou le message en utilisant des indications simples et concrètes. Utiliser des phrases courtes et mettre l'accent sur les mots importants. Ralentir le débit verbal et éviter la surcharge d'information. Éviter les consignes doubles et ne demander qu'une chose à la fois.
- Utiliser des soutiens visuels pour faciliter la compréhension (gestes, images, objets). Le visuel est une modalité privilégiée pour percevoir et intégrer des renseignements chez les enfants qui présentent un trouble envahissant du développement.
- S'il s'agit d'une nouvelle demande, d'une nouvelle consigne, d'un nouvel apprentissage, faire une démonstration de ce qui est demandé et, au besoin, aider l'enfant à accomplir la séquence. Pour s'assurer que

l'enfant saisit bien ce qui lui est demandé, on peut le soutenir physiquement dans la tâche.

- Si l'enfant s'éloigne ou se fâche quand on lui fait une demande ou qu'on exige quelque chose de lui, le ramener à la tâche en suscitant son intérêt. Tenter de recréer le contact, quitte à diminuer l'exigence. Répéter plus simplement la consigne. L'objectif est d'éviter les bris de communication.
- Afin de respecter les potentialités de l'enfant, augmenter graduellement les exigences de façon constante et cohérente afin de favoriser le succès et de diminuer les frustrations liées à de trop grands défis.

Améliorer la qualité du contact visuel

Le contact visuel représente la base des habiletés de communication et d'interaction. Il est important de développer cette habileté, car elle permet à l'enfant d'améliorer son contact avec autrui, d'être interpellé par les renseignements non verbaux de son interlocuteur (comportement/mimique), d'améliorer sa compréhension, de chercher l'approbation de l'adulte, de vérifier la disponibilité de son interlocuteur et de partager ses intérêts et ses plaisirs avec autrui. Quelqu'un qui ne regarde pas son interlocuteur se prive de toute cette information et l'enfant qui présente un trouble envahissant du développement ne possède pas naturellement cette habileté. Il faut donc chercher à l'apprivoiser doucement et à son rythme. Étant donné sa difficulté à traiter l'information et donc à combiner simultanément plusieurs modes sensoriels, la surcharge est parfois telle que l'enfant ne peut soutenir le contact visuel, surtout lorsque toute son attention est absorbée par une activité qui fait appel à un autre mode sensoriel (auditif, toucher, gustatif), qu'il privilégie en

(...)

(suite)

fonction de ses capacités et de ses intérêts. Cela peut se traduire, par exemple, par une difficulté à combiner le regard et l'écoute.

De plus, lorsque l'enfant doit décoder les expressions d'un visage humain, sa perception peut rapidement être surchargée d'information et d'efforts. En effet, ces expressions sont complexes et c'est un défi en soi que de les interpréter.

Afin de respecter les particularités de l'enfant, nous favorisons les mots « inciter », « suggérer » ou « proposer » dans nos descriptions de stratégies. L'habileté qui consiste à « regarder son interlocuteur » doit être travaillée dans une perspective où l'enfant l'associe à une source de plaisir et comprend que cela lui permet d'entrer en contact avec autrui. Il va donc de soi que nous ne recommandons en aucun cas d'exiger un contact visuel prolongé, ni de maintenir la tête de l'enfant pour forcer le contact visuel.

Pour stimuler le contact visuel, même brièvement, il est important de commencer par solliciter l'enfant, verbalement et physiquement, en se mettant à sa hauteur, en le plaçant devant soi et, parfois, en prenant ses mains dans les nôtres.

- Utiliser les activités qui sont sources d'intérêt et de plaisir pour l'enfant (avec ses jouets préférés, activités sensorielles ou motrices) afin de susciter son attention en établissant un contact visuel.
- Favoriser de petites activités interactives, comme les jeux de coucou, de poursuite, de ballon ou d'imitation.
- On peut susciter un bref contact visuel en donnant l'objet convoité à l'enfant, afin que celui-ci fasse un lien entre le contact visuel avec autrui et le plaisir. Éviter de forcer ce contact en insistant ou en adoptant une forme quelconque de chantage.

- L'adulte peut mettre près de ses yeux les objets convoités par l'enfant, pour capter son regard.
- Au besoin, l'adulte peut approcher de son visage la main de l'enfant pour l'amener à tourner la tête et à regarder (l'enfant suivra instinctivement le mouvement de sa main). Cependant, ne pas prendre la main de l'enfant si celui-ci présente une hypersensibilité au toucher.
- Attendre un peu avant de répondre à la demande de l'enfant; ainsi, il devrait lever la tête s'il n'obtient pas la réponse à ce qu'il demande. Au besoin faire un rappel: « Regarde-moi ».

Apprendre à adresser son message à l'interlocuteur

Pour faire une demande à une personne, il faut s'assurer de sa disponibilité et de son attention. On se demande d'abord si cette personne n'est pas en train de parler avec quelqu'un d'autre, si elle n'est pas occupée à une tâche et si elle est prête à nous écouter. Parfois, avant de parler à l'autre, nous tenons compte de son humeur. Naturellement, nous nous attendons à ce que l'autre nous regarde ou se tourne vers nous quand nous nous adressons à lui.

Les enfants qui présentent un trouble envahissant du développement font fréquemment des demandes sans s'assurer que l'adulte les voit, est attentif à eux ou saisit leur message. Ils peuvent demander quelque chose à l'autre sans établir de contact visuel, sans prendre en considération le fait que l'autre est déjà engagé dans une conversation ou qu'il ne le regarde pas.

On conseille, lorsque l'enfant fait une demande non dirigée, c'est-à-dire sans s'adresser à quelqu'un:

- de s'approcher de lui et de patienter quelques secondes jusqu'à ce que l'enfant manifeste son intention ou son besoin de communication. Profiter de ce mouvement, de cet élan de communication pour prendre sa main et la rapprocher du visage de l'interlocuteur pour aider l'enfant à diriger sa communication, surtout s'il cherche à prendre la main de l'adulte et à l'utiliser comme un instrument;

- d'essayer, surtout au début, de placer ses objets favoris à distance et bien en vue, afin qu'il ait besoin de l'adulte pour les obtenir. Cela est d'autant plus faisable que les demandes de l'enfant se font souvent par des requêtes.

Utiliser les gestes

Le geste ne remplace pas les mots, mais il peut fournir à l'enfant une représentation concrète d'une action ou d'un objet. Le geste est une façon de communiquer qui est toujours accessible à l'enfant (c'est le corps qui est mis à contribution). L'enfant saisit souvent mieux quand il peut agir et ressentir dans son corps les sensations reliées à une action (exemple : il fait le geste de « donne », on dépose un objet dans sa main). Certains enfants n'ayant pas encore développé de langage verbal ont plus de facilité à utiliser leur corps et à bouger pour communiquer qu'à utiliser des mots. Malgré cela, l'adulte doit accompagner le geste de l'enfant par le mot qui le représente afin que l'enfant finisse par le dire lui-même.

Il est d'abord important d'encourager le répertoire des gestes spontanés auxquels l'enfant a recours pour nous communiquer ses désirs et ses intentions. Sinon, on peut lui apprendre à utiliser des gestes codés. En faisant des gestes naturels ou codés, l'adulte permet à l'enfant de comprendre ce qui lui est adressé comme message verbal. Quand l'enfant apprend à utiliser ces gestes, il développe une meilleure communication.

Les gestes de communication proviennent de différentes sources (Langage Signé Québécois, Mains animées ou autres gestes quotidiens, comme « oui » et « non » de la tête). Peu importe le choix des gestes, ceux-ci doivent correspondre aux capacités motrices de l'enfant. Ils doivent être simples, faciles à exécuter et utilisés par l'ensemble des personnes qui côtoient l'enfant.

Les gestes peuvent aider l'enfant à exprimer ses besoins de base : demander un objet, proposer une activité, signifier un arrêt d'activité ou un refus, partager ce qui l'intéresse. Voici les *gestes de base* qui sont régulièrement utilisés dans le réseau d'intervention avec les enfants qui présentent un trouble envahissant du développement. Certains sont courants, d'autres sont tirés du *Répertoire des mains animées*.

- **POINTER**

Le fait de pointer constitue une étape particulièrement importante dans le développement de l'enfant. Elle signifie que l'enfant commence à comprendre et à utiliser l'attention conjointe dans une intention de communication ou de partage. Même lorsqu'elle ne surgit pas spontanément, cette habileté peut s'apprendre par imitation. Ainsi, afin de stimuler la compréhension de ce geste chez l'enfant, commencer par lui montrer des objets ; par la suite, s'arranger pour l'inciter à chercher ces objets en faisant appel à des jeux qui l'intéresse. Par exemple, vous « perdez » des aliments ou des jouets et vous les cherchez avec l'enfant en utilisant le geste de pointer. L'effort de l'enfant pour chercher sera relatif à son intérêt pour l'objet « perdu ». L'adulte peut aussi utiliser le fait de pointer pour diriger l'attention de l'enfant vers certaines choses (vêtement sur un meuble, jouet dans une pièce) et vers certains événements ou situations (un chien court dans la rue, maman arrive dans le salon...).

Lorsque vous avez l'impression que l'enfant comprend le sens de l'attention partagée, encouragez-le à son tour à utiliser le geste de pointer pour faire une demande ou pour diriger l'attention des autres vers un objet qui l'intéresse. Aider l'enfant à positionner son bras et son doigt vers l'objet convoité lorsque celui-ci se trouve hors de portée. Il est préférable de placer peu d'objets sur une tablette et de laisser une distance entre chacun pour aider l'enfant à préciser son geste et afin qu'il le dirige vraiment vers l'objet souhaité. Le geste avec l'index peut être amélioré en pointant des objets situés à courte distance (des images dans un livre, un objet sur la table).

- **ENCORE**

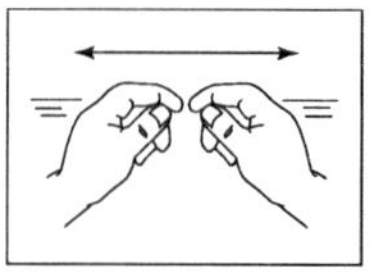

Ce geste est utile pour amener l'enfant à demander la récurrence d'une action ou pour obtenir à nouveau un jouet ou une collation. Il est possible d'utiliser des activités plaisantes qui comportent une composante sensorielle ou motrice (chatouiller, rouler sur un ballon, sauter, faire des bulles, tourner sur soi en chantant une comptine...) avec arrêt soudain pour stimuler la demande de récurrence. Au départ, positionner ses mains et faire le geste avec lui, en verbalisant le mot encore pour lui. Puis, enclencher rapidement la récurrence de l'action souhaitée. L'enfant établira le lien entre le geste et la répétition d'une action plaisante. Pour les enfants qui auraient des difficultés de motricité, la précision du geste est secondaire (on ferme les poings ou on tape des mains). L'important, c'est que l'enfant associe ce geste à un moyen de communication. Enfin, on diminue peu à peu l'aide à l'enfant pour positionner ses mains. Par exemple, on ne touche que ses avant-bras pour l'encourager à imiter le geste. On fait cela jusqu'à ce que l'enfant fasse le geste tout seul.

- **DONNE**

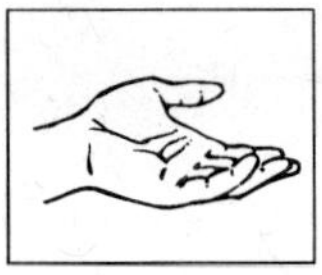

On travaille ce geste pour inciter l'enfant à demander un objet. Il est possible de créer des situations où l'enfant doit faire une demande. Par exemple, lors de la collation, on offre une petite quantité de nourriture à l'enfant et, avant de lui en offrir davantage, on attend qu'il fasse le geste « donne ». Au besoin, on profite du *mouvement spontané* (l'élan pour venir prendre l'objet) de l'enfant afin de repositionner sa main, tout en lui disant le mot *donne*. Il peut s'avérer utile de tenir l'objet plus haut que la tête de l'enfant pour qu'il ne puisse le saisir et qu'il tende sa main vers l'objet. On peut travailler cela avec des balles, des blocs, des petites voitures, un encastrement, etc.

- **FINI**

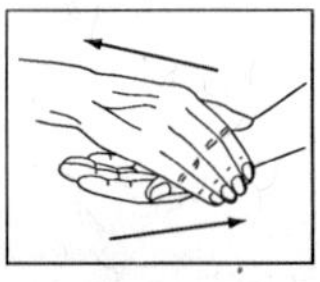

Lorsqu'une activité prend fin, faire le geste « fini », en verbalisant le mot, afin d'inscrire ce moment dans l'esprit de l'enfant. Ce geste donne un signal concret de la fin d'une activité et facilite les transitions. Ce geste est utile pour que l'enfant ait un moyen de demander à cesser une activité ou de mentionner qu'il ne veut plus faire quelque chose. Au début, l'adulte peut modeler le geste lorsque l'enfant veut mettre fin à une activité.

- **AIDE**

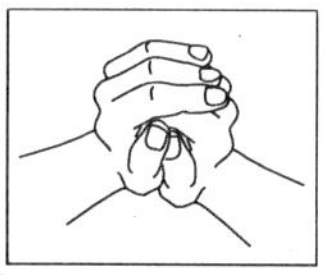

Ce geste est utile pour permettre à l'enfant de réagir dans les situations où il se trouve en difficulté. Afin de stimuler cet apprentissage, on produit volontairement des situations où l'enfant ne peut s'organiser seul, par exemple s'il veut atteindre un objet situé sur une tablette trop haute ou s'il n'arrive pas à ouvrir un sac. On se tient alors près de lui pour lui fournir l'aide nécessaire quand vient le moment. On lui tend la main pour l'inciter à donner l'objet et on dit alors le mot *aide* pour lui signifier son besoin. Ne pas attendre que l'enfant se fâche afin de le garder disponible. S'il devient anxieux, on l'aide rapidement en lui signifiant son besoin.

- **VEUX PAS**

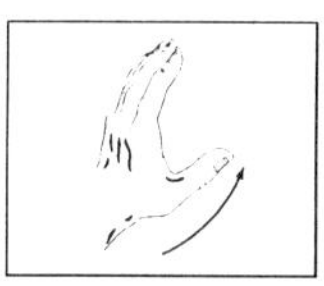

Les enfants non verbaux avec un trouble envahissant du développement ont souvent peu de moyens pour communiquer leur désaccord. Souvent, au lieu de dire non, ils s'éloignent ou se fâchent. Le geste « veux pas » leur donne une stratégie communicative plus adéquate et mieux dirigée pour démontrer leur refus et leur désaccord.

Lorsque l'enfant se montre mécontent d'une activité, on lui prend la main et on fait avec lui le geste de repousser de la main (« veux pas »). L'adulte répond alors à ce geste en retirant l'objet non désiré, tout en exprimant tout haut la volonté de l'enfant, soit en disant « veux pas ». Si l'enfant adopte déjà le geste de dire « non » avec la tête, poursuivre ce geste. Toutefois, si l'enfant utilise des gestes moins adaptés (lancer l'objet, frapper l'adulte), on modèle aussitôt le geste « veux pas », dès qu'il amorce le geste inadapté.

Utiliser les images

Pour comprendre un mot, il faut en connaître le signifiant en image.

Exemple : pomme 

Quand l'enfant commence à comprendre le langage verbal, il associe difficilement son répertoire de mots à des images mentales. La communication sociale lui demande déjà un effort considérable. Tout cela se complique quand il lui faut aussi trouver le bon mot pour faire une demande ou trouver la bonne image pour comprendre le mot entendu. Il est alors plus facile pour l'enfant de se servir lui-même, d'abandonner sa demande ou de s'éloigner sans répondre.

Il est connu et largement documenté que plusieurs des enfants qui présentent un trouble envahissant du développement ont des capacités exceptionnelles au plan de la perception visuelle et de la mémoire visuelle. Ces capacités représentent un important levier de communication. Il ne s'agit pas de remplacer le langage verbal, mais bien de l'accompagner.

(...)

(suite)

Ainsi, en accompagnement du langage, on peut utiliser des objets réels, des photos et des images (pictogrammes du logiciel *Boardmaker* ou autres banques d'images), pour faciliter la compréhension et l'expression chez ces enfants. Les images, les photos, les objets représentent des repères concrets et permanents pour l'enfant. En utilisant des images avec le langage, l'adulte aide l'enfant à assimiler ce qui lui est demandé et à mieux saisir l'information qui lui est transmise. Par ailleurs, quand l'enfant utilise lui-même des images ou des objets, il se fait mieux comprendre et la communication devient plus agréable, car elle donne des résultats.

Il est important de choisir et d'utiliser un mode de communication visuel qui soit compris par l'enfant. Peu importe le complément visuel, objet réel, photo, pictogramme ou dessin, l'objectif consiste à faciliter le processus de la communication chez l'enfant.

Voici quelques façons d'utiliser les compléments visuels pour améliorer la communication de l'enfant.

- Pour faciliter la compréhension, l'adulte peut utiliser une photo (ou autre) pour accompagner son langage verbal quand il fait une demande à l'enfant. Par exemple : photographier l'enfant dans son bain et lui montrer cette photo le soir quand l'heure du bain arrive. La même stratégie peut être utilisée lors des différentes activités quotidiennes, ce qui permet d'annoncer et de faciliter les transitions.
- Pour aider l'enfant à saisir les consignes simples, on utilise un complément visuel. Par exemple, l'image d'un enfant assis sur une chaise rappelle à l'enfant de demeurer assis pendant le repas.

- Pour encourager l'enfant à faire ses demandes, l'adulte peut laisser des images à sa disposition. Par exemple, il peut laisser l'image d'un verre de lait sur le frigo. L'enfant pourra aller la pointer ou la chercher pour la remettre à son parent s'il veut boire du lait. On peut également afficher une photo de l'enfant aux toilettes sur la porte de la salle de bains afin qu'il l'utilise quand il veut demander à y aller.

- Pour amener l'enfant à adresser des demandes et à faire des choix, il est aussi possible de constituer un petit tableau d'images (avec bandes velcro) que l'enfant sélectionnera selon ce qu'il souhaite. Les plus populaires et les plus faciles à utiliser sont les tableaux pour choisir sa collation ou ses jeux. L'important, c'est d'augmenter graduellement le nombre d'images.

À retenir à propos de la communication non verbale

Dans la vie de tous les jours, il faut susciter chez l'enfant l'utilisation des gestes ou des images. Cependant, en lui répondant, il faut toujours nommer le mot qui désigne ce qu'il demande. Par exemple, l'enfant fait le geste « encore » (pour obtenir un autre biscuit), et on lui répond en lui offrant un autre biscuit et en disant verbalement « encore, biscuit ». Ainsi, on encourage l'enfant à apprendre des mots, tout en lui permettant de se faire comprendre en attendant qu'il puisse lui-même utiliser les mots requis pour communiquer.

Pour que la communication signifie quelque chose, il est important de répondre à *toutes* les initiatives de l'enfant. En effet, pour que l'enfant développe son désir de communiquer, ses tentatives doivent être couronnées de succès. Ainsi, quel que soit le mode de communication utilisé (verbal, gestuel, imagé), il faut s'assurer d'y répondre. Il est préférable d'accepter une réponse simple (un seul mot, un regard) au lieu d'exiger une réponse plus complète qui risque d'inciter l'enfant à abandonner ou à se mettre en colère.

Pour que l'enfant améliore ses stratégies de communication, on doit lui laisser le temps et l'espace nécessaire pour communiquer ses désirs. Il faut éviter d'aller au-devant de ses demandes et le laisser plutôt préciser ce qu'il veut en lui fournissant certains indices (images, gestes, début de mot ou de phrase).

Encourager l'utilisation des mots

> Bien que les compléments gestuels et visuels soient indispensables aux enfants qui présentent un trouble envahissant du développement, il faut maintenir l'utilisation du mode de communication verbale. En s'appuyant sur des images et des gestes, les parents et les professionnels font en sorte que les mots signifient graduellement quelque chose pour l'enfant.
>
> Cette période de pré-langage exige une sensibilité accrue, car elle demande de donner un sens aux premiers balbutiements langagiers de l'enfant. L'essentiel, au tout début, surtout chez les jeunes enfants, c'est de traduire l'intention de l'enfant et de l'encourager à initier la communication en passant par le langage verbal, peu importe la forme que prend ce langage.
>
> Le nombre de mots utilisés doit être réduit au minimum. De plus, le débit verbal doit être lent pour que l'enfant fasse le lien entre les mots et leur représentation (objet, image, geste).

Voici quelques stratégies pour encourager l'utilisation du langage verbal chez l'enfant.

- Afin de favoriser la production de sons et ensuite de mots, on encourage l'enfant à vocaliser en imitant les sons qu'il produit (ex: cris d'animaux). Cette stratégie amène l'enfant à augmenter par plaisir l'intensité de ses productions sonores. On peut aussi l'encourager à imiter de nouveaux sons, ce qui enrichit son répertoire.

Il est également possible d'associer certains sons à des activités plaisantes, par exemple « i » quand on le pousse dans la balançoire, « o » quand on fait tomber une balle. Si, pour communiquer, l'enfant n'utilise que des sons et aucun mot, l'adulte peut faire des pairages entre mots et sons. Par exemple, il associera le son « u » au mot « jus ». Si l'enfant utilise ce son pour réclamer à boire, l'adulte s'assurera de répondre en nommant correctement le mot « jus », afin que le petit finisse par le prononcer en entier. Au début, il est important de nommer l'objet ou l'action dans l'expérience immédiate et concrète de l'enfant, afin de favoriser l'intégration du mot avec la réalité qu'il désigne.

- On doit porter attention aux tentatives d'expression verbale de l'enfant. Dans les situations où il est possible de donner un sens à ce que l'on entend, il vaut mieux répondre immédiatement, même dans l'incertitude. Cela permet à l'enfant d'établir des liens entre ce qu'il dit (même pour lui-même) et les réactions que cela engendre dans son entourage.
- Lorsque l'enfant commence à dire des mots, il n'est pas nécessaire d'exiger qu'il en utilise chaque fois qu'il fait une demande. Au début, on doit encourager la communication verbale et l'associer à une réussite. L'anxiété engendrée par les situations interactives peut diminuer sa capacité à utiliser les mots connus. Il est préférable de récompenser avec enthousiasme les tentatives spontanées.
- Si l'enfant utilise un petit jargon ou des mots difficilement compréhensibles, l'adulte doit lui signifier qu'il ne le comprend pas et l'aider à clarifier son message (reprendre ce qu'il a dit sur un ton interrogateur, lui poser une question simple, lui demander de montrer ce qu'il veut...). Le geste « attend » peut aussi être utilisé pour lui signifier qu'on ne comprend pas tout en lui fournissant du soutien. Certains enfants utilisent un jargon dans un semblant de conversation, ils

se placent alors devant l'interlocuteur et ils défilent une série de mots inintelligibles. Dans ce cas, il est favorable de répondre en poursuivant l'échange. Engager une conversation en s'intéressant à ce qu'il raconte et en tentant d'interpréter ce qu'il veut dire.

Interactions sociales

En général, l'enfant qui présente un trouble envahissant du développement engage rarement la communication. Il se contente plutôt de s'amuser seul. Il n'invite pas souvent l'autre à se joindre à son jeu. Il ne cherche pas à attirer l'attention de l'autre sur une situation qu'il pourrait partager (montrer un avion dans le ciel, désigner son père qui rentre du travail).

Il montre rarement ses jeux, ses réussites ou ses réalisations. Il est plutôt centré sur ses intérêts, ses plaisirs, et il est peu porté à partager, son élan vers l'autre étant limité. Il est également peu enclin à faire des jeux à tour de rôle et peut même montrer de la résistance à partager un jeu.

L'enfant n'apprivoisera que les interactions qui sont pour lui sources de plaisir et d'intérêt. L'adulte pourra utiliser les situations du quotidien qui sont propices à répondre aux besoins de l'enfant et à ses champs d'intérêt.

Il est important d'amener l'enfant à *souhaiter* la présence de l'autre afin qu'il amorce et maintienne des interactions, d'abord par des contextes intéressants pour lui.

Apprivoiser les interactions

L'adulte peut choisir des objets qui intéressent l'enfant ou encourager les activités physiques qui suscitent des réactions de plaisir, par exemple des jeux de coucou ou de chatouilles. Les enfants aiment en général les jouets à effet action-réaction, les petites autos, certains personnages de la télévision, les jeux moteurs ou sensoriels. Cela leur permet de prendre plaisir à partager avec les autres. On observe donc ce qu'ils aiment le plus, on cherche à s'introduire dans ces occupations en les enrichissant et en les développant, avec une attitude ludique et attentive.

Voici quelques idées pour développer la capacité d'initier une interaction et de jouer :

- Lorsque l'enfant est en train de jouer seul, l'adulte s'approche et se joint à lui en proposant un élément d'intérêt pour son jeu.
- Ensuite, l'adulte se rend disponible pour jouer et montre à l'enfant comment amorcer une interaction.

Pour encourager le partage, on favorise les jeux qui se déroulent à tour de rôle ou en face à face. Par exemple, on fait des bulles chacun son tour, on échange un ballon, on construit une tour avec un jeu de blocs (maman commence par poser un bloc, puis c'est au tour de l'enfant, et ainsi de suite). De cette manière, l'enfant découvre le plaisir de voir l'autre participer au jeu.

Améliorer la capacité à répondre à l'appel de son nom

> Lorsque l'enfant répond à son nom, il reconnaît le mot qui désigne sa personne. Il comprend dès lors que l'autre a une intention à son égard. Cela lui permet ensuite de développer des attitudes adaptées aux diverses situations.

Les stratégies suivantes permettent à l'enfant de répondre peu à peu à l'appel de son nom :

- Si l'enfant ne se retourne pas à la première tentative, il est préférable de s'approcher de lui lors de la deuxième tentative. Le toucher s'avère souvent efficace pour provoquer un mouvement vers l'autre (se tourner, établir le contact visuel).

- S'il y a deux adultes, l'un d'eux dirige physiquement l'enfant en le tournant ou en le dirigeant vers l'autre, pour qu'il réagisse à l'appel de son nom. Un adulte peut aussi faire remarquer à l'enfant, par une indication verbale, que l'autre adulte l'appelle (« maman t'appelle ») et par un geste (pointer dans la direction de la maman).
- Quand l'enfant se tourne ou regarde, il est important de réagir immédiatement et de façon visible, par exemple en touchant l'enfant, en le chatouillant, en lui donnant un objet qui l'intéresse ou en lui montrant cet objet. L'objectif consiste à rendre l'enfant plus sensible à son entourage et à lui faire comprendre que le fait d'être interpellé signifie que l'autre souhaite communiquer avec lui et lui dire quelque chose d'intéressant, ce qui nécessite qu'il se tourne vers cette personne. Ultérieurement, l'enfant associera le fait d'être interpellé au fait de recevoir une consigne ou une information.

Développer la capacité de faire des salutations

Afin de sensibiliser l'enfant à certaines conventions qui lui serviront à développer ensuite d'autres habiletés plus complexes, on commence par le familiariser avec des gestes simples et universels. Ces conventions sont importantes, elles permettent à l'enfant de mieux comprendre le monde qui l'entoure et de s'y adapter.

À cet égard, une habileté de base de l'interaction sociale consiste à saluer une personne quand elle arrive et quand elle part. Cela permet d'entrer en interaction, d'amorcer un mouvement vers l'autre et de lui transmettre un premier message de considération. De plus, quand une personne s'en va et qu'on la salue pour marquer son départ, on donne aussi un signal codé à l'effet que l'interaction est terminée.

Il va donc de soi que les arrivées et les départs sont les moments privilégiés pour stimuler cette habileté sociale de base (les salutations). Voici donc des gestes à pratiquer quand vous arrivez ou que vous quittez un endroit avec l'enfant ou que d'autres le font.

- Se placer à la hauteur de l'enfant, en face de lui, et l'inciter au contact visuel.
- Stimuler l'imitation du geste communicatif en lui associant des mots, comme « allô », « salut », « bonjour », « bye-bye », « ciao ».
- Nommer les gens concernés par cet échange afin de personnaliser la communication (ex: « bonjour, maman »).
- Donner immédiatement un sens à cette formule que l'enfant est en train d'apprendre, soit en répondant soit en quittant la pièce.

Développer la capacité d'attention conjointe

L'attention conjointe est une stratégie de communication qu'on utilise dans un but de partage et pour attirer l'attention de l'autre sur une situation ou sur un objet à distance. Il s'agit de saisir l'intention d'une personne qui utilise ses yeux pour orienter quelqu'un dans une direction donnée, tout en pointant ou non du doigt. Cela provoque un partage de plaisir, non seulement pour réclamer l'objet ou pour combler un besoin, mais également pour le montrer et le désigner.

- Porter une attention particulière à cette stratégie de communication, dans les activités quotidiennes. Cela encourage l'enfant à développer l'habileté en question. Le geste de pointer est une prémisse de l'attention conjointe. Par ce geste, l'enfant dirige le regard de son interlocuteur vers un objet à distance. Il est donc important de répondre aux initiatives de l'enfant en dirigeant le regard vers l'objet qu'il montre, tout en le nommant.

Intérêts et jeux

Le jeu est important puisqu'il est le mode d'apprentissage caractéristique des enfants de 0 à 5 ans aux plans sensoriel, moteur, cognitif, affectif et social. Pour eux, jouer est fondamentalement lié au plaisir, même s'ils y apprennent beaucoup. C'est par le jeu qu'ils découvrent leur corps, qu'ils développent leur perception, qu'ils apprennent les caractéristiques des objets, ainsi que leur fonctionnement et leur utilisation. En procédant par essais et erreurs, ils explorent leur environnement, ressentent leur impact sur les objets, découvrent les liens de causalité et varient leurs jeux. Graduellement, ils développent avec satisfaction un sentiment de maîtrise sur cet environnement. Ils découvrent également les gens qui les entourent, sources de sécurité, de curiosité et d'apprentissage.

Les enfants présentant un trouble envahissant du développement s'intéressent souvent à des expériences sensorielles inhabituelles et à certains jeux avec un goût excessif pour la répétition et peu de variété dans l'exécution, bien qu'ils y prennent un plaisir évident. Leur démarche d'exploration et d'apprentissage est différente de celle des autres enfants de leur âge. Il est donc important de considérer et de respecter les caractéristiques cognitives de ces enfants, afin de développer leurs intérêts, leurs jeux et capacités d'apprentissage.

Développer l'exploration à partir des intérêts de l'enfant

Avec les très jeunes enfants, on choisit des activités sensorimotrices qui les intéressent déjà. En collaboration avec l'ergothérapeute ayant évalué l'enfant, on considère son profil sensoriel, tant au point de vue de ses défenses que de ses besoins, et on lui fait vivre des expériences qui stimulent tous ses sens (gustatif, olfactif, tactile, visuel, auditif et proprioceptif, ce dernier permettant de ressentir les mouvements de l'intérieur du corps, par exemple les culbutes).

En répondant aux besoins sensoriels de l'enfant, on favorise son bien-être et une plus grande disponibilité aux activités proposées. Pour multiplier ses expériences sensorielles, motrices et perceptives, on part de ses centres d'intérêt et on utilise du matériel comme des bulles, des jets d'eau, de la pâte à modeler, des blocs, etc. On explore les jeux d'action-réaction ou les jeux tactiles, avec des encastrements, etc. Les centres d'intérêt de l'enfant sont des mines dans lesquelles on puise nos interventions.

Enrichir les intérêts de l'enfant

Nous favorisons de développement des jeux et des apprentissages de l'enfant à partir de ses intérêts répétitifs envers certains jouets ou certains thèmes (ex: petites voitures, camions, cordes, casse-tête, balles et ballons, figurines d'émissions de télévision, etc.)

On observe d'abord ce qui l'intéresse. On y ajoute ensuite des stimuli, des compléments ou des renseignements. Voici quelques conseils pour respecter les modalités cognitives des enfants présentant un trouble envahissant du développement, ainsi que pour susciter leur intérêt et développer leurs capacités d'apprentissage.

- On enseigne de façon implicite, c'est-à-dire par démonstration concrète et visuelle, avec un minimum d'explications verbales.
- On préfère les objets, les jeux et les thématiques dont les composantes sont perceptives, visuelles et logiques, par exemple les jeux d'action réaction avec effets visuels et sonores, les jeux d'encastrement sur des thèmes qui intéressent l'enfant (animaux, voitures), les jeux électroniques et les jeux d'écrans, les livres imagés.

Aiguiser la conscience corporelle

Avec l'âge, les enfants développent une certaine conscience de leur corps. Ils apprennent le nom de leurs membres et arrivent à coordonner ceux-ci dans différentes actions (lancer un ballon, sauter sur une jambe, contourner des obstacles...). La notion du schéma corporel s'expérimente entre autres par des actions d'imitation et d'interaction (jeu physique, jeu d'échange ou de coucou, etc.).

On sait désormais que plusieurs enfants ayant un trouble envahissant du développement ont également un déficit dans l'intégration neurosensorielle, ce qui affecte parfois leur conscience corporelle. On constate fréquemment qu'ils sont maladroits, qu'ils coordonnent mal leurs mouvements, qu'ils se cognent contre des objets ou qu'ils trébuchent, qu'ils n'ont pas conscience du danger, etc.

Par conséquent, les interventions auprès de ces enfants doivent absolument viser à développer une meilleure conscience corporelle, cela leur permettant d'être plus en contact avec eux-mêmes et avec leur environnement.

Voici des attitudes qui rendent l'enfant plus conscient de son corps.

- Privilégier les activités motrices et sensori-motrices qui correspondent aux besoins de l'enfant (activités déjà recherchées ou recommandées par les professionnels). Pendant l'activité, nommer le mouvement ou le geste que l'enfant est en train de faire. Lui faire nommer. Anticiper ses actions ou ses mouvements en les nommant et en lui faisant nommer, et ainsi l'aider à se les représenter (ex. : sauter, tourner, lancer).
- Utiliser les activités qui se déroulent devant le miroir.
- Favoriser les jeux d'échange, surtout en face à face.

- Identifier les parties du corps pendant les activités quotidiennes. Profiter du bain ou de l'habillage pour les nommer, en les faisant répéter par l'enfant ou en demandant à l'enfant de les pointer du doigt ou de l'œil. Utiliser des jeux d'imitation qui se servent de corps, par exemple en faisant rouler une petite voiture sur les bras, la tête et les jambes d'un toutou, de l'enfant ou de l'adulte.
- Utiliser des photographies des différents membres de la famille et travailler à ce que l'enfant s'y reconnaisse, ainsi que les autres.

Améliorer les capacités d'imitation

L'imitation permet de communiquer, d'entrer en contact avec l'autre et de maintenir ce contact, d'acquérir du langage, d'interagir socialement et d'acquérir une meilleure connaissance de son corps et de celui de l'autre. Il est important de développer les capacités d'imitation, car elles sont sollicitées dans tout apprentissage. La plupart des enfants observent l'adulte et imitent ce qu'il dit, les sons qui sortent de sa bouche, ses mimiques et ses gestes ainsi que ses actions plus complexes, dans l'espoir de voir l'adulte réagir. À son tour, l'adulte peut imiter l'enfant. Cela renforce les échanges. Ces jeux d'imitation sont des moments privilégiés pour favoriser la communication et l'interaction.

Chez plusieurs enfants présentant un trouble envahissant du développement, on observe des particularités dans la capacité d'imiter de façon spontanée. La plupart d'entre eux éprouvent de la difficulté à imiter au moment et au rythme proposé. De plus, les stades d'imitation n'apparaissent pas dans l'ordre attendu. Certains ont plus de facilité et d'intérêt à imiter des actions qui font appel à des objets extérieurs qu'à imiter des expressions faciales ou des mouvements du corps. D'autres encore imitent les actions, les postures et les expressions de façon plaquée et stéréotypée, sans interagir ou sans comprendre vraiment ce qu'ils font (échopraxie).

Voici des idées d'activités pour améliorer les capacités d'imitation de l'enfant, toujours à partir d'objets et de jeux qui l'intéressent.

- L'adulte imite les sons et les gestes de l'enfant pour que, dans un premier temps, l'enfant accepte sa présence et, dans un deuxième temps, que cette imitation donne lieu à un moment d'échange et de plaisir.
- L'adulte imite l'enfant et apporte graduellement des éléments nouveaux. Par exemple, si l'enfant aligne des animaux, l'adulte ajoute un animal à sa série ou à la série de l'enfant, ou encore il change l'ordre de la série et demande à l'enfant de faire de même. Attention ! Toute frustration ou rigidité de la part de l'enfant doit amener l'adulte à réduire le nombre de changements et à recommencer à simplement imiter l'enfant. Peu à peu, avec les jouets qu'il aime, on amène l'enfant à imiter des actions plus variées.
- L'adulte actionne la manette d'un jeu d'action-réaction en produisant un effet qui capte l'attention de l'enfant. Puis, il lui donne le jeu en lui demandant de faire la même chose. Si nécessaire, il le fait avec l'enfant et, à mesure que celui-ci progresse, il cesse peu à peu de l'aider.
- L'adulte montre à l'enfant à utiliser un objet de deux façons différentes :
  - petite auto : la faire rouler, faire « poutt-poutt ! » ;
  - pâte à modeler : faire une boule, faire une galette ;
  - cuillère et chaudron : remuer, jouer du tambour ;
  - cubes : faire une tour, faire un train.
- L'adulte encourage l'enfant à imiter ses gestes devant le miroir ou dans les activités quotidiennes :
  - dans la baignoire, se laver en glissant l'éponge sur la jambe, en faisant des ronds sur les genoux, en faisant des « bong » sur le ventre ;
  - jouer à « Jean dit » ;

- chanter une comptine et ajouter des gestes, puis changer les gestes ou les exagérer (ex: petits ronds, grands ronds avec les bras);
- faire des grimaces dans le miroir;
- toucher à des bulles de savon avec différentes parties du corps.

- L'adulte encourage les jeux d'imitation de sons:
  - reproduire les vocalises de l'enfant et en ajouter en les associant à des actions avec des objets concrets: « youh » dans la glissade, « boum », « poum »;
  - imiter des cris d'animaux: « meuh », « ouaf ».
- Par la suite, l'enfant apprend à faire des jeux d'imitation de façon plus spontanée:
  - asseoir l'enfant sur une table, en face de l'adulte, avec un certain matériel en double. Jouer avec l'enfant et imiter ce qu'il fait avec le matériel afin de partager un plaisir et de l'encourager à faire comme l'adulte. Par exemple, chacun a une boule de pâte à modeler, deux instruments de musique et deux emporte-pièce.

À propos du comportement

Les enfants ayant un trouble envahissant du développement manifestent souvent des difficultés comportementales, comme l'inattention, l'agressivité, l'évitement, l'anxiété, l'opposition, etc. Ils réagissent mal aux imprévus et sont souvent très sensibles aux changements et à la nouveauté. Ils peuvent devenir mal à l'aise dans les endroits qu'ils ne connaissent pas, avec des gens ou des jeux nouveaux. Ils ont besoin de temps pour apprivoiser l'environnement et les personnes. Ils se sécurisent à partir d'un cadre (structure spatiale et temporelle), d'une routine bien structurée, de règles et de limites claires. (...)

(suite)

Quand l'environnement est prévisible et compréhensible, ils améliorent leur concentration dans les tâches qu'ils effectuent et deviennent ainsi plus ouverts aux échanges. Par ailleurs, ces enfants développent souvent une rigidité dans les routines et ils ont de la difficulté à assouplir leurs façons de faire.

Il est important de savoir ce qui engendre les comportements problématiques et qui empêche les enfants de progresser dans leur apprentissage. Tel que mentionné précédemment, la plupart des enfants avec un trouble envahissant du développement présentent des difficultés à traiter les informations d'ordre sensori-moteur qui concernent leur corps et le monde extérieur. Il est donc important d'identifier ces particularités, en collaboration avec l'ergothérapeute. Il faut également observer l'impact de ces particularités sur la capacité de communication, d'interaction, d'apprentissage et d'adaptation à l'environnement.

Les comportements problématiques peuvent aussi découler des difficultés de l'enfant à comprendre les situations, au plan verbal et non verbal. En collaboration avec l'orthophoniste, il faut déceler ce que l'enfant a de la difficulté à comprendre et à exprimer par le langage, afin d'adapter les interventions.

Il est également essentiel de prendre en considération la difficulté qu'ont ces enfants à comprendre les indices non verbaux (mimiques, direction du regard) quand vient le temps d'interpréter les émotions ou les intentions d'autrui. Cela provoque souvent chez eux des réactions problématiques qui viennent d'un manque de compréhension ou d'erreurs dans l'interprétation des émotions et des intentions d'autrui. Les comportements des enfants indiquent souvent des difficultés interactives et sociales que les psychoéducateurs sont appelés à évaluer pour recommander des stratégies d'intervention.

(...)

(suite)

Dans les pages qui suivent, les lecteurs trouveront des idées de stratégies psychoéducatives, présentées comme des pistes de réflexion. Ces stratégies sont susceptibles de transmettre des observations et de suggérer des moyens d'intervenir auprès de l'enfant. En aidant celui-ci à comprendre ce qui l'entoure, en lui fournissant des stratégies adaptées pour se faire comprendre et pour mieux comprendre ce qu'on attend de lui, on voit diminuer les comportements d'opposition, d'agression, de contrôle rigide et d'anxiété et on voit augmenter grandement sa disponibilité. Plus un enfant se sent compris dans ses besoins, ses particularités et ses demandes, plus il est encouragé dans ses initiatives sociales et moins on voit chez lui de comportements inadéquats.

Organisation spatiale et temporelle

Sans vouloir mettre en place une structure rigide et imposer aux familles un mode de vie restrictif, il importe de considérer le besoin de structure et d'organisation des enfants présentant un trouble envahissant du développement. **Grâce à des indices visuels**, les repères spatiaux et temporels représentent des éléments environnementaux qui facilitent l'anticipation, la compréhension et l'organisation chez ces enfants. On peut donc adopter certaines stratégies en ce sens pour structurer leur environnement et leur espace.

Délimiter l'espace par des lieux spécifiques

- Délimiter des espaces spécifiques pour certaines activités de la vie quotidienne (ex: manger à la table, dormir dans son propre lit, etc.).
- Disposer sur la table, bien en vue, les différents jeux proposés, pour permettre à l'enfant de comprendre et d'anticiper ce qu'il doit faire.

- Favoriser les différentes postures de jeu : debout devant un tableau, assis à la table, sur un matelas ou une causeuse, etc.
- Mettre peu d'éléments à la disposition de l'enfant pour diminuer toutes sources de distraction autour de lui.

Délimiter le temps par des routines spécifiques

- Doser les exigences et les stimulations : décortiquer la tâche en étapes simples.
- Lors du jeu, établir la structure pour donner à l'enfant des repères dans le temps :
  1) s'asseoir ;
  2) préparer le jeu ;
  3) jouer ;
  4) ranger (c'est fini).
- Marquer la fin d'une activité en faisant ranger le matériel à l'enfant.
- Prévenir l'enfant, avant la fin d'une activité, en lui faisant dire « c'est fini ». Présenter l'activité subséquente peut faciliter la transition.
- Utiliser des décomptes « 1, 2, 3, on y va ! » pour aider l'enfant à anticiper et à accepter d'attendre.
- Offrir une routine quotidienne et préparer l'enfant pour les activités spéciales, les modifications d'horaire et tout changement. Utiliser des repères visuels (images, photos, pictogrammes) pour l'aider à comprendre une transition ou un changement de contexte.

Adopter certaines attitudes devant les comportements de l'enfant

Malgré toutes les interventions qui permettent d'améliorer la communication fonctionnelle chez les enfants, de développer leurs capacités à gérer les situations sociales, de faciliter leur adaptation à l'environnement spatial et temporel, on voit tout de même apparaître des comportements problématiques dans certaines situations. Même si l'on cherche toujours à répondre aux besoins de l'enfant en identifiant la source de ses malaises et de ses difficultés, il faut réagir devant ces comportements pour les diminuer et les remplacer par des attitudes mieux adaptées.

Voici quatre situations fréquemment rapportées par les parents. L'enfant:

1) fait **preuve de rigidité**;
2) adopte des **comportements d'agression**;
3) montre de la **résistance à accomplir certaines tâches** (opposition ou refus de collaborer);
4) est **incapable de supporter le moindre délai**.

1) Rigidité-contrôle

- Par prévention, aider l'enfant à se représenter et à anticiper le comportement attendu ou le sujet de l'activité à venir, en lui fournissant des modèles visuels (pictogrammes ou photos).
- Ne pas choisir l'affrontement. Réduire plutôt ce type de comportements en prévoyant des moments où l'adulte décide et où l'enfant peut lui aussi décider. On évitera l'affrontement en donnant des choix clairs et précis. À noter que l'enfant ne peut faire de choix que s'il a atteint un niveau apte à faire de la discrimination et une demande.
- On recommande les compromis. Par exemple, l'adulte donne une collation à l'enfant, mais celui-ci doit s'asseoir pour la prendre, ou encore l'adulte prévoit une courte période de travail à table, mais en y incluant des jeux qui intéressent l'enfant.
- Si l'enfant résiste ou veut faire à sa façon, il est possible d'assouplir les demandes ou de maintenir une exigence minimale. L'important, c'est de boucler la situation et que la crise n'alimente pas la rigidité, par exemple en cédant aux pressions de l'enfant.

2) **Comportements d'agression**

- Face à un comportement inadéquat (mordre, frapper, provoquer), on signifie clairement l'interdit en disant un « non » que l'on associe à l'expression faciale appropriée et à un geste.
- Dès le départ, on donne une consigne claire et simple à l'enfant. Si le comportement inadéquat persiste, il faut donner à l'enfant une conséquence courte et concrète et être constant dans l'application de ces conséquences, par exemple :
  - l'enfant s'assoit sur une chaise de retrait identifiée ;
  - on retire pour une courte période l'objet source de colère ;
  - on nomme le motif de la conséquence, même si l'enfant n'a pas encore développé le langage. On le fait avec un mot ou deux (ex : « pas taper »).
- En stoppant les comportements inadéquats, on permet à l'enfant d'intégrer une meilleure compréhension des limites à respecter dans ses interactions avec autrui.
- Les comportements d'agression peuvent aussi survenir parce que l'enfant ne comprend pas ce qu'on lui demande ou pour exprimer sa détresse. Il est alors essentiel d'observer les moments où ces comportements apparaissent et d'intervenir sur les causes de ces comportements.
- Il est aussi essentiel de prévenir ces comportements en montrant un autre comportement positif à l'enfant, qui lui procurera du plaisir et de la satisfaction.
- On peut aussi offrir à l'enfant l'alternative d'une activité physique compensatoire lui permettant de se défouler, comme frapper sur un gros coussin.

3) **Résistance à la tâche**

- Pour permettre à l'enfant de développer sa confiance en ses capacités, il est primordial de favoriser des expériences de succès. Pour ce faire, augmenter les exigences graduellement, de façon constante et cohérente, pour augmenter le niveau de succès et minimiser les frustrations.
- Par ailleurs, une fois le défi bien posé à l'enfant, on maintient un minimum d'exigences (ex: en aidant l'enfant à accomplir une tâche), malgré les crises, les inquiétudes ou les refus, en restant constant et cohérent dans les demandes.
- Alterner une activité maîtrisée et aimée avec une activité plus difficile.

4) **Tolérer un délai**

- Certains enfants réagissent fortement quand une réponse tarde un peu. Ils ne comprennent pas qu'une chose refusée à l'instant peut être accordée plus tard. Et ce, même si l'adulte le lui dit. Dans ces situations, on peut accompagner la consigne de certains gestes («attends», «fini») ou certaines images comme repères des séquences (avant-pendant-après). Lorsqu'un enfant a de la difficulté à attendre pour obtenir ce qu'il désire, on tarde un peu avant de répondre, afin d'aider l'enfant à anticiper la satisfaction à venir, en apprivoisant les délais par épisodes de temps qui s'allongeront graduellement. L'adulte a donc avantage à ne pas se presser pour répondre (ralentir ses mouvements), tout en indiquant à l'enfant que ce qu'il souhaite lui sera bientôt donné (ex: ouvrir lentement le contenant de la collation devant l'enfant).
    - Il vaut mieux attendre des périodes de calme pour travailler cette capacité, quand l'enfant est plus disponible et non au moment même des crises.

- Si l'enfant aime certains jeux interactifs, ceux-ci peuvent devenir un « terrain de pratique ». Ainsi, on choisit des jeux ou des activités que l'enfant aime, mais qui l'obligent à attendre avant d'obtenir le résultat final (boîte musicale, jeu d'action-réaction), ou encore des jeux de type bulles, ballons, tour de blocs à détruire, etc., et on attend un peu avant de faire le décompte (1-2-3, on y va !).

À propos des renforcements

Il est important de comprendre que l'on utilise des renforcements afin de demeurer près de l'objectif, qui est de développer chez l'enfant le goût d'apprendre, de partager et d'être avec l'autre. Pourquoi ne pas y faire appel si cela encourage l'enfant à établir de meilleures relations et si cela facilite l'apprentissage ? On distingue deux types de renforcements :

1) Les **renforcements sociaux** : caresses, chatouilles, félicitations, bravos, activité aimée ou jouet qui l'intéresse, etc. Les renforcements sociaux concernent autant la réponse et l'expression enthousiaste adoptée par l'adulte devant les succès de l'enfant que les jouets ou les activités qu'il décide de partager avec celui-ci.
2) Les **renforcements** plus **formels** et **systématiques** : nourriture, collants, etc. On peut récompenser plusieurs fois par jour les comportements favorables. Ces récompenses doivent être immédiates, puis graduellement estompées.

Les parents nous demandent fréquemment ce que nous pensons des renforçateurs alimentaires. Généralement, nous n'utilisons pas cette technique de manière systématique ; cependant, elle peut représenter une stratégie utile dans certaines circonstances. Par ailleurs, il est tout indiqué d'inclure dans le programme de la journée une ou quelques pauses-collation, qui deviennent des moments privilégiés avec l'enfant et permettent d'encourager et d'améliorer son comportement. Les enfants aiment être récompensés par une petite collation !

Conclusion

Dans les pages qui précèdent, nous avons voulu parler des interventions les plus utilisées dans notre travail avec de jeunes enfants non verbaux et préverbaux qui présentent un trouble envahissant du développement. Ces stratégies constituent des points de repère et non des recettes à appliquer. L'intuition et le bon sens demeurent nécessaires dans l'application des stratégies proposées. L'enfant présentant un trouble envahissant du développement est avant tout un enfant, avec ses forces et ses limites, ses caprices, son tempérament, etc. En comprenant mieux sa façon de penser et de se représenter le monde, nous pensons pouvoir mieux adapter nos façons d'intervenir.

Ressources

Références bibliographiques

LEMAY, Michel. *L'autisme aujourd'hui*. Paris: Éditions Odile Jacob, 2004. 407 p.

MOTTRON, Laurent. *L'autisme: une autre intelligence*. Sprimont, Belgique: Éditions Mardaga, 2004. 235 p.

PEETERS, Théo. *L'autisme: de la compréhension à l'intervention*. Paris: Dunod, 1996. 265 p.

ROGÉ, Bernadette. *Autisme, comprendre et agir*. Paris: Dunod, 2003. 212 p.

Banques de pictogrammes

Banque de consignes pictographiques
Coffret aux trésors, M.E.Q., 1995
www.adaptationscolaire.org/themes/dein/documents/12pictogrammes.pdf

BoardMaker [logiciel]
Mayer-Johnson
www.mayer-johnson.com

Commun-image - Imagimot
Association de la paralysie cérébrale du Québec
www.paralysiecerebrale.com

Les pictos à Cigale
La communication par pictogramme pour personnes non verbales
http://membres.lycos.fr/cigale76/picto/

Notes

Notes

Notes

RECYCLÉ
Papier fait à partir de matériaux recyclés
FSC® C103567
FSC
www.fsc.org

MARQUIS
Marquis imprimeur inc.

Québec, Canada
2012

Imprimé sur du papier Silva Enviro 100% postconsommation
traité sans chlore, accrédité ÉcoLogo et fait à partir de biogaz.

100%
PERMANENT
BIO GAZ ÉNERGIE